DU

PALAIS NATIONAL

DE

FONTAINEBLEAU.

ESSAI

SUR

l'Appropriation générale et d'utilité publique

DU

PALAIS DE FONTAINEBLEAU

ET DE SES DÉPENDANCES.

Dédié

Au Pouvoir Exécutif et à l'Assemblée Législative.

1849.

> « François Ier vouloit qu'en cette magni-
> fique maison, il y eut de tout ce qui pouvoit
> se trouver de curieux ; comme pièces de
> monnoies, médailles, argenteries, vases,
> figures, vêtements et autres ouvrages ;
> ainsi que j'ai déjà parlé du cabinet des
> armes, et que je traiterai des cabinets des
> peintures, des antiques et de la librairie »
> Le P. Pierre DAN,
> historien de Fontainebleau, 1642.

FONTAINEBLEAU
IMPRIMERIE DE E. JACQUIN, RUE DE FERRARE, 20.

SOMMAIRE.

Le Palais et ses dépendances.

Nécessité d'utiliser le Palais de Fontainebleau.

Destination qui peut être donnée aux dépendances.

Le château proprement dit.

Fontainebleau, le musée des arts mariés a l'industrie.

Détails de l'appropriation projetée.

Chapelles, Galeries, Bibliothèque, Salle de Spectacle.

Appartements historiques.

Ailes de François Ier et de Louis XV.

Logements secondaires.

Soit que nous donnions une attention sérieuse aux intérêts bien entendus de l'administration, soit que nous ayons égard aux vœux et aux besoins de la ville de Fontainebleau, qui ne vit que par le Château, soit enfin qu'en vue de l'intérêt général, nous nous préoccupions de l'avenir de cet antique monument national, toutes nos idées se portent vers sa conservation et ses embellissements.

En effet, comme l'a dit un architecte d'une haute réputation, le château de Fontainebleau, l'une des plus anciennes résidences de France,

« est un assemblage de constructions singulières, qui, successivement ajoutées les unes aux autres, présentent d'une manière remarquable l'histoire des révolutions de l'art aux époques où ces différents ouvrages ont été entrepris. »

Respect donc et admiration pour cette magnifique demeure, dans laquelle huit siècles ont successivement laissé des traces de leur passage !

Mais on comprend aussi, aujourd'hui plus que jamais, qu'on ne peut conserver et embellir que ce qui a un but d'utilité publique. Le palais de Fontainebleau doit rester, parce que c'est une gloire nationale ; cela, toutefois, ne suffirait peut-être pas complètement si son budget n'était motivé par une destination qui justifiât les crédits qui seront demandés pour lui rendre sa splendeur historique et artistique.

C'est cette appropriation du Palais et de ses Dépendances, que nous essayerons d'esquisser dans toutes ses parties. A défaut d'autre mérite, notre travail sera sommaire, consciencieux, et basé sur l'étude des localités et sur celle des meilleurs auteurs qui ont écrit et travaillé sur Fontainebleau (1).

---

1) Ces auteurs, qui se trouvent dans nos grandes bibliothèques et que connaissent bien les amis des arts ainsi que les admirateurs de Fontainebleau, sont : Androuet Ducerceau, année 1576. — Le P. Dan, 1642 — L'abbé Guilbert, 1731. — E Jamin, 1832 et 1838. — Castellan, 1840. — Fontaine, plan général des châteaux, 1837.

Le Palais et ses dépendances.

Pour bien comprendre ce qu'il y a d'utile dans notre proposition, il est nécessaire de donner une description rapide des localités.

Le château de Fontainebleau a une origine très ancienne. Il existait déjà à la fin du onzième siècle; Louis VII l'habitait en 1137, et depuis il s'est successivement agrandi. Aussi présente-t-il maintenant un amas irrégulier de palais jetés les uns à côté des autres, et tous portant le cachet de leur époque. Il couvre une superficie de terrain de plus de six hectares, sans compter les dépendances extérieures, sans ses jardins ni le parc.

Aujourd'hui, l'entrée principale est la vaste cour des *Adieux*, qui a cent mètres de largeur sur cent cinquante de profondeur, et que sépare de la place publique une grille impériale.

A droite se déploie l'aile de Louis XV, long bâtiment élevé de quatre étages; à gauche, en regard, est l'aile de François Ier, à un étage seulement; et au fond, s'élève la façade principale due aux architectes Vignole et Serlio, sous François Ier, mais restaurée sous Charles IX.

C'est au milieu de cette façade que se déroule en spirales de grès taillés et sculptés l'imposant escalier d'honneur de Lemercier, du temps de Louis XIII. Malheureusement, de nombreux étançons destinés à soutenir le monument, *qui menace ruine*, attristent la vue; de même que les constructions ajoutées assez récemment, sur les deux balcons, déflorent ce beau morceau d'architecture.

Derrière ce magnifique corps de bâtiment, on trouve la cour de la Fontaine, environnée de trois côtés par les constructions splendides de Serlio, avec un escalier extérieur qui se bifurque et conduit à la salle de spectacle. Puis le gros pavillon de Louis XIV, à la fois si riche et si imposant.

De là, on pénètre dans la cour du Donjon : c'est le berceau du Palais et pour ainsi dire le noyau autour duquel tout le reste a pris vie. Il y existe encore des constructions antérieures à Louis IX. Le donjon du roi saint se dresse lourd et massif à l'extrémité de cette cour qu'environnent des colonnes à chapiteaux bizarrement sculptés ; nous nous croirions transportés au milieu d'un vieux cloître, si les immenses arceaux du premier étage ne laissaient entrevoir les brillantes peintures de la galerie de Henry II, juste en face de l'élégant portique des maçons français, comme on disait alors, auxquels est due l'architecture des bâtiments qui ont été restaurés depuis sous Henry IV.

La cour du Donjon est fermée par un péristyle, percé de la porte sévère de Vignole et surmonté du gracieux baptistère de Louis XIII, par Debrosse, architecte du Luxembourg. De l'autre côté du péristyle, après avoir traversé l'ancien fossé, sont les constructions de la cour des Cuisines. Elles forment un palais isolé, construit en 1590 par Jamin, pour les offices de Henry IV, et elles couvrent un hectare de terrain. Leur entrée majestueuse décore bien la place d'Armes de la ville.

Enfin, en remontant le fossé, aujourd'hui planté d'arbustes, on voit une masse imposante de bâtiments du temps de Louis XV, au milieu desquels est enfermée la cour rectangulaire de l'ancienne Conciergerie. Un pont y donne accès par la place d'Armes.

Tel est l'ensemble des constructions dont se compose aujourd'hui le palais de Fontainebleau. En outre, il est entouré de beaux et grands jardins avec pièces d'eau, savoir : du côté de l'aile de Louis XV, par le jardin Anglais, délicieusement planté et dessiné par Heurtaut, sous l'Empire ; ce jardin a une contenance de seize hectares, et à travers ses pelouses serpente une petite rivière, prenant sa source à la fontaine même qui a, dit-on, donné son nom à la ville. — Au midi de la cour de la Fontaine, par l'étang, de quatre hectares en surface. — Et du côté des bâtiments des cuisines, par le parterre, ouvrage de Lenôtre : contenance totale, douze hectares y compris les trois pièces d'eau.

Le parc est à la suite du parterre ; sa superficie est de quatre-vingt-cinq hectares ; Henry IV y fit creuser la pièce d'eau dite le Miroir et le grand canal, qui n'a pas moins de quinze cents mètres de longueur sur quarante de largeur.

Enfin, entre la ville et le palais, se développe sur cinq hectares le jardin de Diane ou de l'Orangerie, dont on admire la belle fontaine circulaire en marbre blanc, construite sous l'Empire.

Malheureusement, ce jardin a été clos du côté de la ville, en 1844, par un disgracieux mur d'enceinte qui devrait être remplacé par une grille ou un saut-de-loup, de façon à démasquer la vue.

Mais de vastes dépendances se relient encore au palais et l'environnent, pour ainsi dire, de toutes parts. Ces dépendances se composent :

1° Des Petites-écuries — la VÉNERIE — long bâtiment construit avec ses chenils sous Louis XV. Situées au nord du parc, elles sont spacieuses et peuvent contenir deux cents chevaux; on y installerait facilement, en outre, trois cents hommes. Le pavillon élevé à l'entrée, en 1829, pour loger les officiers de vénerie, reste inachevé; la superficie du terrain occupé est de deux hectares.

2° Des Grandes-écuries — HÉRONNIÈRES — Elles sont au midi du parc et ont été bâties par Louis XIV.

On peut y mettre deux cents chevaux, et loger trois cents hommes dans ses beaux pavillons. Elles couvrent deux hectares de terrain.

3° Du CARROUSEL, situé au midi du jardin anglais. C'est une construction du temps de Louis XVI, renfermant des remises pour un grand nombre de voitures, des écuries pour deux cents chevaux et des logements pour deux cents hommes. A la suite et sans faire corps avec le Carrousel, il existe un beau manège couvert, bâti en 1806. Le tout occupe plus d'un hectare du jardin.

4° De diverses habitations secondaires, utilisées en partie par le personnel des jardins; et du charmant PAVILLON DE SULLY, destiné au service des bâtiments.

Nécessité d'utiliser le Palais de Fontainebleau.

Nous avons décrit sommairement cette immense réunion de palais, de bâtiments, de cours, de jardins, parc et pièces d'eau qui constituent ce qu'on appelle le Château de Fontainebleau. La surface de terrain qu'ils couvrent est aussi grande que celle de la ville entière, ainsi qu'il est facile de le voir à la simple inspection du plan.

Il y avait là une multitude de logements meublés, destinés à l'entourage des souverains : théâtre encore trop étroit pour leur suite, puisque Louis XV fit détruire la célèbre galerie d'Ulysse, que ne sauvèrent point les magnifiques fresques du Primatice, et la galerie des Cerfs, ce panorama des châteaux de France, pour y établir des appartements nouveaux. Mais les derniers règnes, tout en restaurant certaines parties, ont négligé souvent l'essentiel, tant ces vastes demeures étaient ruineuses; aussi les séjours y devinrent-ils bien moins fréquents

Si donc l'entretien ordinaire des grandes résidences était un lourd fardeau pour des rois puisant à pleines mains, comme Louis XV par exemple, dans les coffres de l'État, on comprend que le pays seul pourra s'en charger aujourd'hui, et que les dépenses ne seront admises que selon le motif d'utilité générale qu'elles représenteront. — Il n'y a plus en France, il n'y a plus pour Fontainebleau cette armée de riches seigneurs, ces meutes innombrables avec leurs piqueurs, ni cette troupe d'officiers de bouche et de cuisiniers qui venaient annuellement réveiller les échos du château. Nos mœurs plus simples se refusent à un pareil luxe. La question importante, maintenant, c'est de trouver au palais une destination utile, qui soit en harmonie avec les idées de notre époque, afin de sauver du délaissement l'antique monument où huit siècles de notre histoire sont debout sur ses grès noircis; où l'on rencontre à chaque pas des chefs-d'œuvre, peuplé qu'il est par le génie des plus grands artistes ; enfin où l'histoire, les arts et l'industrie, dans leur union fraternelle, offrent aux voyageurs émerveillés un témoignage irrécusable de la puissance progressive de la civilisation française.

Comme cette question *d'utilisation*, au premier abord assez compliquée, se simplifie beaucoup si on dégage le palais du superflu ; et comme chacun convient que ce superflu n'est autre chose que ses dépendances, examinons la destination que celles-ci pourraient recevoir dans l'intérêt du pays : on arrivera ainsi à réduire de beaucoup les dépenses d'entretien du château, pour reporter ensuite sur la véritable partie historique et artistique, tous les crédits votés pour sa conservation et son embellissement. Nous commencerons donc par dégager le vieil arbre des végétations parasites, afin de le faire refleurir.

Destination à donner aux dépendances.

Ces immeubles considérables, que l'État peut utiliser, sont les Grandes-écuries, les Petites-écuries, et le Carrousel.

D'après ce que nous avons dit ci-dessus de leur importance et de leur ancienne destination, on comprend qu'il y a là pour le département de la guerre de magnifiques casernes de cavalerie, suffisantes pour recevoir un régiment. Et une semblable appropriation serait d'autant plus convenable, que nous n'avons en France que peu d'écuries vastes et saines pour notre cavalerie, tandis que celles dont il est question ici sont dans des conditions bien supérieures à tout ce qui existe en ce genre dans nos autres villes. De plus, le sol sec de Fontainebleau convient très bien aux chevaux, l'approvisionnement y est facile, et les régiments qui ont tenu garnison dans cette ville se sont toujours parfaitement trouvés de leur séjour.

La guerre profiterait ainsi de bâtiments considérables, qu'on ne ferait pas construire pour un million : c'est là un avantage que comprend certainement l'administration, à moins qu'elle ne veuille affecter ces édifices à quelqu'autre destination, dont elle apprécierait mieux la convenance.

Mais il y a encore près du château, quoiqu'entièrement séparé de lui par l'ancien fossé, un véritable palais construit par Henry IV pour ses cuisines. Cette bâtisse grandiose se relie bien par sa masse et son aspect à l'ensemble du vieux monument, et il y aurait sans doute nécessité à ne rien modifier à son extérieur, afin de ne pas détruire l'effet imposant et harmonieux que chacun admire.

Toutefois, comme sa destination primitive est sans objet aujourd'hui, par les raisons indiquées plus haut, et qu'ensuite il y a d'autres cuisines cour de la Fontaine, nous croyons qu'on pourrait rendre la vie à ce monument en y plaçant quelque établissement public.

En effet, les bâtiments de la cour Henry IV, enfermant de trois côtés une pelouse de quatre-vingt-dix mètres de largeur sur quatre-vingt-cinq de longueur, élevés sur caves de trois étages, flanqués de sept pavillons plus élevés encore, ces bâtiments offrent de grandes facilités car ils sont assez spacieux pour contenir un bataillon. D'ailleurs, les vastes constructions dont nous parlons ne perdront rien de leur intérêt pour être habitées soit par d'honorables retraités, soit par notre jeunesse studieuse, soit par notre brave armée; et on n'aurait pas à regretter l'argent que coûte leur entretien, toujours trop dispendieux quand il n'est point motivé. Enfin, Fontainebleau n'est qu'à une heure et demie de Paris : la magnifique forêt qui l'environne, ses admirables promenades, la tranquillité dont on y jouit, l'air sain qu'on y respire, la promptitude des communications par le chemin de fer, tout doit naturellement attirer l'attention sur la convenance de la situation pour des établissements publics.

Le Château proprement dit.

Dégagé du superflu convenablement utilisé, le palais de Fontainebleau se trouve réduit en quelque sorte à son expression purement historique et artistique. Il est encore vaste, sans doute, mais son appropriation toute naturelle rend maintenant notre tâche facile.

Le véritable Château, en effet, se compose des ailes de la cour des Adieux, du beau monument du fond, des bâtiments de la cour de la Fontaine et de la cour du Donjon, et de ceux de la cour de l'ancienne Conciergerie : pour encadrement, il a ses deux délicieux jardins, son parterre, ses pièces d'eau et son parc.

C'est dans ce rendez-vous de palais que se trouvent :

Les trois chapelles de la Trinité, de Saint-Saturnin et de Saint-Saturnin-la-Haute.

Les quatre galeries de François Ier, de Henry II, de Diane et des Colonnes.

La bibliothèque, composée de plus de trente mille volumes.

Le théâtre, pouvant contenir six cents spectateurs.

Le jeu-de-paume couvert, qui est spacieux.

Les cinq escaliers principaux.

Neuf appartements historiques, comprenant soixante-dix pièces magnifiquement décorées, et qu'on appelait : les salons de Réception ; — les grands appartements ; — ceux de la Reine ; — d'Anne d'Autriche ; — de Maintenon ; — du gros Pavillon ; — des Chasses ; — enfin, les deux appartements du rez-de-chaussée.

Mais nous ne comptons-là que les pièces dignes d'être mentionnées, laissant de côté celles qui sont secondaires. Ainsi l'aile de Louis XV peut renfermer dans ses quatre étages une centaine de belles pièces ; et l'aile de François Ier, élevée d'un étage sur rez de-chaussée, contient avec les bâtiments des Mathurins une vingtaine de logements convenables. Il y a encore un assez grand nombre de pièces : cour de la Fontaine; dans les étages du pavillon du Tibre; au pavillon de la Porte-Dorée; dans les étages supérieurs de la cour du Donjon; dans les pavillons de Louis XIV, des Orgues et de l'Horloge; puis à l'extrémité de l'aile de Louis XV, et au-dessus de la galerie de François Ier. Enfin, on compte une trentaine d'appartements dans la cour de l'ancienne Conciergerie, appelée depuis cour des Princes; plus des caves, des souterrains, des logements de portiers et des combles.

Tout cela forme un total d'environ sept cents pièces, presque toutes bien meublées : ce qui ne surprendra personne, quand on saura que le palais et ses dépendances renfermaient jadis trois mille six cents pièces meublées, grandes et petites.

Voilà ce qui est à utiliser maintenant, en conservant au noble monument son haut caractère historique.

Fontainebleau, le Musée des arts mariés à l'industrie.

Les arts, l'architecture, la peinture et la sculpture sont déjà représentés dans le palais par cent chefs-d'œuvre. Là, depuis plusieurs siècles, brillent de tout leur éclat les plus éminents artistes. Quel magnifique cadre pour l'industrie française, venant à son tour constater les progrès de notre civilisation ! Or le mobilier, choisi avec goût et avec intelligence dans ce que nous avons de plus remarquable, peut parfaitement reproduire, lui, l'histoire de l'industrie; nous faire suivre pas à pas, harmonisés par époque dans de somptueuses demeures, ses produits les plus rares et touchant le plus près aux arts, par l'exposition permanente de nos riches tentures de soie et d'or, de nos admirables tapisseries, des bronzes, de l'orfèvrerie, de l'horlogerie, de l'armurerie; enfin, de nos vaisselles, émaux ou porcelaines, et de nos meubles sculptés, incrustés ou dorés. Fontainebleau, qui aujourd'hui est une annexe de Paris, deviendrait ainsi le pendant de Versailles. Là-bas, en effet, se déroulent sur les murs de Louis XIV les grandes pages de l'histoire militaire de notre pays. Ici, l'édifice historique serait l'image vivante, debout, brillante, de ce qui fait la grandeur et la gloire d'une nation, l'image des arts mariés à l'industrie.

Pour atteindre ce but, les sommes à dépenser seraient moins considérables qu'on pourrait le croire. Il ne s'agit que de disposer convenablement un immense mobilier artistique que nous possédons; de le sortir des dépôts où il se trouve, pour faire du palais la merveille du monde.

D'ailleurs, Fontainebleau est déjà richement meublé; l'Empereur y a dépensé à cet effet plus de six millions, de 1806 à 1809. Il n'y a donc aujourd'hui que des échanges à opérer, et l'État n'aurait à supporter que des frais de déplacement et peu d'objets à acheter.

Quant à la b bliothèque, riche déjà de plus de trente mille volumes, elle devrait aussi par le choix des livres nous représenter l'histoire de la littérature et de la librairie française depuis leur enfance jusqu'à nos jours ; nous faire voir de nos yeux, et toucher avec la main, depuis les anciens manuscrits avec leurs enluminures et leurs somptueuses reliures, jusqu'à nos livres contemporains d'une admirable typographie et illustrés par le graveur. Cela complèterait bien le mobilier artistique du palais et pourrait encore s'obtenir facilement, au moyen d'échanges avec nos grandes bibliothèques.

C'est ainsi qu'on réalisera les nobles projets de François Ier, ce restaurateur des arts, qui avait fait de Fontainebleau la plus magnifique de ses résidences pour y placer ses *cabinets de curiosités*, comme l'a écrit le P. Dan. C'est ainsi que nous aurons la représentation fidèle des grandes époques qui ont laissé là des traces ineffaçables, legs glorieux des autres générations que nous saurons conserver. Et si nous progressons comme nos devanciers l'ont fait, ne devons-nous pas être fiers de montrer au monde que nous ne sommes pas une nation en dégénérescence? Ne devons-nous pas souhaiter qu'au nom de Versailles, le Président de la République et l'Assemblée puissent répondre par celui de Fontainebleau!

———

Après avoir jalonné la route à suivre par des idées générales, nous allons maintenant aborder la question d'application par localités, selon leur époque et leur décoration architecturale. Toutefois, nous le ferons avec circonspection, en nous bornant à indiquer sommairement ce qui peut être bien, sachant qu'un problème de cette importance ne doit être résolu complètement qu'avec le concours des sommités de la science et des arts.

Enfin, nous aurons toujours présente cette pensée, que les salles historiques du palais doivent avant tout conserver cette haute expression de grandeur et de majesté, qu'elles tirent du magnifique assemblage de l'histoire, de la science, des arts et de l'industrie.

DÉTAILS DE L'APPROPRIATION PROJETÉE.

Chapelles, Galeries, Bibliothèque, Salle de Spectacle.

CHAPELLE DE SAINT-SATURNIN. — Elle est située entre la cour du Donjon et le parterre. C'est la partie la plus ancienne du château, car elle a été construite sous Louis-le-Jeune, vers le milieu du douzième siècle et consacrée par Saint-Thomas de Cantorbéry. Ses fenêtres sont cintrées, avec de grandes voûtes de pénétration sur l'arc surbaissé de son berceau. On reconnaît bien que c'est encore l'antique oratoire aux traces semi-romanes de la bâtisse, et François Ier ne fit que le restaurer.

De charmants vitraux à figures coloriées, placés il y a une douzaine d'années, lui donnent un jour sombre qui convient. On ignore le nom du maçon français qui a bâti ce monument.

Là, un autel sculpté à la manière de l'époque, une peinture azurée avec des étoiles d'or, des lampes gothiques, quelques prie-dieu et des bancs de chêne suffiraient à une ornementation bien entendue.

La Chapelle-Haute. — Elle a été construite sous François Ier, juste au-dessus de l'oratoire de Saint-Saturnin. On comprend que l'architecte a été forcé de s'astreindre à l'espacement des piliers inférieurs, qui lui servaient de fondement. « Il répéta donc l'arc surbaissé ou à anse de panier, dit Castellan, mais il retrouva une proportion plus pure et rétablit le cintre régulier dans la voûte en berceau, ainsi que dans les hémicycles qui la terminent. » Le vaisseau de la chapelle a seize mètres de longueur, sur six de largeur, et douze de hauteur. La beauté de ses proportions, la hardiesse de la voûte, la délicatesse de ses ornements font de cet édifice un véritable chef-d'œuvre digne de Philibert Delorme auquel on l'attribue, car il a pris part aux constructions de Fontainebleau.

La beauté primitive de la Chapelle-Haute fut altérée depuis par des additions fâcheuses ; enfin on y a placé la bibliothèque du palais, de sorte que les rayons et les livres détériorent et masquent tout.

Evidemment la bibliothèque devra être transportée ailleurs *(et l'espace ne manque pas)*, afin de rendre aux arts ce précieux joyau.

L'ornementation et l'ameublement sont complètement à restituer dans le style du seizième siècle, sans oublier l'élégante lanterne, ni les deux campanilles aujourd'hui veuves de leur antique horloge.

Chapelle de la Trinité. — Vers l'an 1600, un ambassadeur d'Espagne trouvait que Dieu était mal logé à Fontainebleau. Le Castillan était difficile, à coup sûr! car outre les deux chapelles de Saint-Saturnin, dont nous avons parlé, François Ier avait encore fait élever en 1530, sur les débris du vieil oratoire de Louis IX, dont l'emplacement limite aujourd'hui la cour d'Honneur, « la belle église de la Trinité, bâtie à la romaine, comme dit l'abbé Guilbert, ayant vingt toises de long, quatre de large et huit de haut sous clé de voûte. »

L'architecte fut Vignole, qui l'a laissée presque sans ornements; Henry IV, piqué du reproche de don Pèdre, s'empressa d'en commencer la riche décoration, qui fut terminée sous Louis XIII.

Les belles peintures de la voûte sont dues au pinceau de Fréminet, et le maître autel est l'ouvrage de l'italien Bourdoni; on y voit encore six statues de Germain Pilon et un bon tableau de Jean Dubois.

Toutes les peintures de cette chapelle sont à restaurer, les murs latéraux sont même encore nus; enfin, de belles boiseries, qui existent, devraient être replacées pour fermer les arcades des stations. Il faudrait, de plus, de riches ornements d'église du commencement du dix-septième siècle, et un mobilier analogue.

Galerie de François Ier. — Elle fut construite avant la fin du quinzième siècle, par les *maçons français*. Ce fut en 1530 que François Ier fit décorer magnifiquement cette galerie, située au premier étage du fond de la cour de la Fontaine. Elle a soixante mètres de long, six de large et six de haut. Son plafond et ses lambris sont en bois de chêne et de noyer, couverts de sculptures rehaussées d'or. Quatorze grandes fresques, entourées d'immenses bas-reliefs en stuc, décorent les murs. Ces fresques sont de maître Roux; mais la Danaé est du Primatice, et les sculptures sont de Paul Ponce et de Dominique Barbier, artistes français.

Cette galerie si remarquable, à laquelle on a beaucoup travaillé en 1845, a été, à diverses époques, gâtée par de maladroites réparations. Elle exige infiniment de science et de goût, pour être dignement rétablie.

Un peintre distingué a déjà restauré quelques morceaux importants de Mᵉ Roux.

Ici, le mobilier sera fort simple : des banquettes de bois sculpté et des torchères suffisent. En effet, les galeries du palais sont à la fois un musée et des salles destinées aux cérémonies et aux fêtes; il ne faut donc pas les encombrer.

Galerie de Henry II. — Bâtie sous François Iᵉʳ, vers 1535, entre la cour du Donjon et le parterre, par des artistes français; puis modifiée, à ce que l'on croit, sous l'influence du Primatice; elle fût enfin ornée par Henry II. Elle a trente mètres de longueur, sur dix de largeur et dix de hauteur. Les embrasures des immenses croisées ont plus de trois mètres d'épaisseur. C'est la plus belle et la plus vaste salle qu'ait construite la renaissance, dont elle porte au plus haut degré le cachet. « L'Italie même, écrit Castellan, ne nous offrirait pas un intérieur d'un style plus grandiose, décoré avec plus de goût et où la peinture monumentale se déploie avec plus de pompe et de dignité. » Son beau plafond carré à caissons, ses murs couverts des admirables fresques du Primatice et de Nicolo, restituées avec bonheur en 1835 par l'habile M. Alaux; ses panneaux en bois de chêne poli rehaussé d'or, sa belle tribune sculptée pour les musiciens, son immense cheminée d'un haut style, ses bronzes si riches et son manifique parquet, font de cette salle de bal une véritable merveille.

Il n'y a là rien autre chose à faire, qu'à changer les laides vitres carrées de notre époque, pour y replacer les petits vitraux à rets qui y étaient primitivement et qui donneront un jour moins dur.

Galerie de Diane. — Henry IV la fit élever à la fin du seizième siècle dans le jardin de l'Orangerie, et Ambroise Dubois, peintre célèbre de notre école, la décora ensuite de belles fresques. Mais le temps et l'abandon détruisirent cette magnifique salle, dont la voûte tombait il y a quarante-trois ans. L'Empereur, le nouveau restaurateur de Fontainebleau où il a dépensé plus de vingt-cinq millions en travaux et ameublements, la fit rebâtir en 1807, par Heurtaut. Le règne suivant acheva de l'orner. Elle a quatre-vingt-dix mètres de long, sur près de dix de large et sept de haut sous voûte. Les peintures murales sont d'Abel Pujol et de Blondel; d'autres tableaux sur toile décorent les murs.

Son ameublement consiste en banquettes recouvertes de tapisseries de Beauvais. Il y a aussi quelques vases de Sèvres et de beaux lustres; cela est suffisant. Mais au lieu des vingt-quatre paysages qu'on y a mis, il faudrait, comme dans le projet primitif, replacer là nos principales victoires de la République et de l'Empire, avec la grande figure de Napoléon, qui, dans cet immense palais qu'il a relevé de ses ruines, n'a seulement pas un buste, pas un portrait! sauf une petite grisaille perdue dans les frises...

On pourrait alors restituer à cette salle historique et moderne, le nom de GALERIE DE NAPOLÉON.

GALERIE DES COLONNES. — C'est une vaste pièce située sous la salle de bal, et construite en 1836.

Malheureusement, on l'a rétrécie et assombrie pour ménager un couloir. Sa décoration est sévère, avec d'énormes colonnes de stuc; elle servait de salle à manger. Certes, il faudrait mettre là, entre les colonnes, des dressoirs garnis de nos belles porcelaines de Sèvres : le service si riche et si complet du palais, serait très convenablement exposé, dans cette salle, aux regards des visiteurs.

Nous parlerons pour mémoire de la GALERIE DES ASSIETTES, création regrettable, couloir superposé à un balcon gracieux et qui détruit l'effet de la saillie des pavillons de la façade principale. Mais de belles fresques entoilées d'Ambroise Dubois, provenant de l'ancienne galerie de Diane, ornent son plafond et ses lambris. Quant aux assiettes, nous avons indiqué le lieu où elles devraient être placées.

SALLE DE SPECTACLE. — Elle contient six cents spectateurs, et a été établie dans l'aile gauche de la cour de la Fontaine, sous Louis XV, en 1725. L'encadrement de la scène est d'une ornementation originale; dégagée de ses superfétations extérieures qui choquent la vue, et restaurée à l'intérieur, cette salle pourrait offrir un coquet échantillon du style du dix-septième siècle. Elle est prêtée une fois par semaine à la ville de Fontainebleau, pour les charmants concerts de la musique de la garnison.

Bibliothèque. — Elle est placée aujourd'hui, comme on sait, dans la chapelle Haute qui mérite d'être rendue à sa destination première. Elle n'est point publique à cause de sa position au point central du Palais, ce qui lui ôte tout accès indépendant. Il y aurait donc convenance à ce qu'on l'établit ailleurs. Or, il existait, du temps de Louis XV, une longue galerie dite des Cerfs, sous la galerie de Diane, qui fut transformée par ce roi en logements pour sa suite au moyen de séparations en pans de bois. C'est là que pourrait être placée très avantageusement la bibliothèque, dont l'accès deviendrait alors facile, puisqu'on y viendrait du dehors par la place d'Armes sans traverser aucun appartement.

Nous avons déjà indiqué plus haut comment cette bibliothèque serait composée, afin d'être en harmonie avec le mobilier artistique du palais.

Jeu de paume. — Construit sous Louis XV, à l'angle de la grande cour et près de la chapelle. C'est un des derniers jeux de paume couverts qui nous restent. Il est en assez bon état, et il sert journellement aux habitants et aux étrangers qui aiment ce salutaire exercice; c'est aussi la salle d'adjudication pour la vente des coupes de la forêt. Son entretien est peu coûteux, mais sa façade aurait grand besoin d'être mieux ornementée.

Appartements historiques.

SALONS DE RÉCEPTION. — Ils sont au nombre de neuf, au premier étage, cour du Donjon, et se communiquent de plain-pied. Splendidement ornementés, les sculptures, les peintures et les dorures y brillent de toutes parts. A chacune des extrémités, est un large escalier: le premier, celui de Louis XV, se distingue par les tableaux de chasses de Desportes, Oudry et Parrochel; le second, dit de la duchesse d'Étampes, est plus magnifiquement décoré avec ses fresques et ses cariatides de Nicolo dell' Abate.

Les noms qui servent à désigner ces salons indiquent suffisamment l'époque de leur création, et la nature de l'ameublement qu'il conviendrait d'y placer.

Ainsi les deux SALONS DE SAINT-LOUIS se trouvent dans l'intérieur du donjon de ce roi. Leur architecture est encore de l'époque du treizième siècle, mais la décoration et le mobilier ont quelque chose de disparate, ce qui doit être rectifié. On y a placé des tableaux d'Ambroise Dubois, un grand bas-relief de Jacquet, représentant Henry IV à cheval, des meubles de Boule et des pliants modernes.

La SALLE DES GARDES est aussi une des plus anciennes et une des plus belles pièces du Palais. Elle a été restaurée en 1834 et enrichie de peintures qui rappellent celles du temps des Valois. On y remarque une superbe cheminée en marbre blanc, dont les principales sculptures sont dues au ciseau de Francaville et de Germain Pilon; mais on trouve que les siéges modernes, qui garnissent cette salle, ne sont pas en harmonie avec sa décoration architecturale.

Les trois SALONS DE FRANÇOIS Ier, avec leurs riches plafonds à caissons et la charmante cheminée attribuée à Benvenuto Cellini, demandent un ameublement du seizième siècle, mais peu considérable : seulement quelques bahuts sculptés, comme savait les faire Jean Goujon, quelques vases de Benvenuto, et des siéges qui ne masquent pas les belles tapisseries de Flandre ou les peintures des panneaux.

La Chambre de Henry IV a été ornementée par Paul Bril, et les tableaux du plafond sont dus à Ambroise Dubois. Aussi c'est une pièce délicieuse encore, qu'on a malheureusement gâtée, sous Louis XV, en crevant lambris et tableaux pour percer de larges portes aux volumineux paniers des dames de la cour. Il faudrait réparer cette galante barbarie.

Les meubles qui s'y trouvent sont bien placés, il n'y a guère que les pliants à changer.

La Salle de Louis XIII est magnifique. Son plafond fouillé si profondément, enrichi à profusion de sculptures et de dorures, est un des plus beaux morceaux qui existent en ce genre ; ses lambris ne sont pas moins riches d'ornementation. On voit sur la cheminée le portrait en pied du fils de Henry IV, par Philippe de Champaigne ; car cette pièce fut décorée vers 1640, et fait honneur à l'architecte. Le mobilier, aujourd'hui, ne répond nullement à ce qu'il était alors, et l'aigle impériale se marie aux aigles d'Anne d'Autriche. Cependant il doit être conservé, comme l'image historique de la transition de l'ère ancienne à l'ère moderne.

Nous arrivons au Salon de Louis XV, pièce coquette et charmante, avec ses peintures en camaïeu et les guirlandes de fleurs dont le pinceau délicat de Boucher a couvert ses boiseries et son plafond.

Là, un galant ameublement en tapisseries de Beauvais, véritable chef-d'œuvre du temps, se marie bien avec les motifs des panneaux; mais le bois des meubles est d'une forme trop raide, qui n'est pas de l'époque.

Grand Appartement. — Il se compose de sept pièces, situées au premier étage du côté du jardin de Diane; elles ont été restaurées en 1807 et sont d'un style simple et sévère; il y a quelques peintures de Regnault et de Sauvage. Le mobilier, qui date de l'empire, est entièrement historique et n'a pas servi depuis : les traces d'usure sont les empreintes de Napoléon...

Respect pour l'asile qui a abrité ses vastes pensées, sa gloire, et ses malheurs!

Appartement de la Reine. — Quatre grandes pièces, donnant sur le Jardin de Diane. La chambre à coucher est vraiment grandiose, avec son immense lit à baldaquin et ses magnifiques tentures de Lyon, du temps de Louis XVI. Presque tous les meubles sont de cette époque et chacun remarque le charmant boudoir de la reine, décoré en 1780 par Beauvais et Barthélemy. On pourrait donc facilement compléter cet ameublement.

Appartement du gros Pavillon, vers l'étang. Il a été restauré entièrement sous Louis XV, et se compose de sept pièces, dont le mobilier est aussi à changer en partie. Mais les objets si gracieux, qu'on fabriquait alors, doivent exister en quantité suffisante dans les garde-meubles de l'État.

Appartement des Chasses. — C'est un musée précieux, ayant six salons dont les murs sont entièrement couverts par les grandes compositions d'Oudry et de Desportes. On y entre par l'escalier de Louis XV, également orné de sujets de chasse.

Le meuble simple et à la fois élégant, en tapisseries de Beauvais, qu'on y a placé, est très venable, sauf quelques détails. Mais ne devrait-on pas ajouter, sur les consoles des angles, ce que notre armurerie a produit de plus curieux pendant les deux derniers siècles?

Appartement de Maintenon, situé au premier étage du beau pavillon dit de Philippe-Auguste. Il a été habité pendant les dernières années du règne de Louis XIV par la femme célèbre qui lui a donné son nom, et les six pièces dont il se compose ont été rétablies, en 1854, dans le style de la fin du dix-septième siècle. On les a meublées assez historiquement, il reste peu de choses à modifier. Seulement il faudrait, pour rendre à cette magnifique construction de la Renaissance son aspect primitif, rétablir les loges ou balcons qui ont été malheureusement convertis en chambres.

Appartement d'Anne d'Autriche, au premier étage, cour de la Fontaine. Il a été distribué et décoré sous la minorité de Louis XIV, par l'excellent artiste Cotelle. Parmi les sept grandes pièces de cette superbe demeure, qu'habita le Connétable sous l'Empire, on admire l'ancienne et vaste antichambre dont le plafond curieux représente en relief, sur bois doré, les dieux de l'Olympe; puis le grand salon, si remarquable par une profusion d'arabesques et de dessins légers d'un goût exquis, ainsi que par son plafond à compartiments, qui est un véritable chef-d'œuvre.

Le mobilier serait donc à compléter par des produits dus à l'époque de 1650.

Petits Appartements. — Ils sont situés au rez-de-chaussée, dans la partie nord du Palais, et donnent de plain-pied sur le jardin de Diane. Ils se composent d'une quinzaine de pièces, pour la plupart assez irrégulières, qui ont été décorées et meublées avec simplicité sous l'Empire. C'est là que se trouve la bibliothèque particulière de Napoléon.

Ces appartements ne peuvent faire qu'une charmante habitation d'été.

Ailes de François Ier et de Louis XV.

Nous avons précédemment décrit ces deux corps de bâtiments importants, qui se trouvent en regard et bordent des deux côés, sur une longueur de cent cinquante mètres, la vaste cour des Adieux.

Sous le Consulat et sous l'Empire, de 1801 à 1808, six cents élèves de l'École-militaire habitaient les cent pièces de l'aile de Louis XV. Les salles d'étude étaient dans les belles pièces du rez-de-chaussée, les réfectoires et les dortoirs dans les quatre étages supérieurs; installation d'autant plus commode, qu'à chaque étage règne une galerie de service fort large, et dans toute la longueur.

L'état-major et l'administration étaient placés dans les vingt logements de l'aile de François Ier et de la cour des Mathurins.

Les exercices et les revues se faisaient dans la grande cour, séparée de la façade principale par une grille. La pelouse du jardin anglais était un champ de manœuvres; et sur le côté, on avait élevé des retranchements garnis de leurs canons. Enfin l'Empereur avait fait construire exprès un beau Manége couvert, qui existe toujours, et qui est utilisé pour l'instruction du régiment de cavalerie en garnison à Fontainebleau.

C'était de cette pépinière de jeunes officiers, commandés par le général Bellavène, que sortaient chaque année ces braves et brillants Capitaines qui ont promené si loin notre drapeau et notre gloire! Elevés dans un palais, ils se sont installés ensuite en maîtres dans tous les palais de l'Europe!

Mais l'école militaire, considérablement augmentée, dût être transportée à Saint-Cyr.

C'est un peu après qu'il fut créé quatre bataillons d'instruction, commmandés par le général Christiani. Et on n'en continua pas moins de faire les exercices et les manœuvres dans la grande cour du château, qui, sous la République comme sous l'Empire, fut toujours le Champ de-Mars de Fontainebleau.

Aujourd'hui l'aile de Louis XV est libre. Quant à l'aile de François Ier, elle est occupée par les divers services de l'administration, qui étaient placés jadis dans la cour de l'ancienne conciergerie.

Après avoir essayé de décrire l'appropriation artistique des diverses parties du palais, en montrant que tous les chefs-d'œuvre des arts et de l'industrie, depuis plusieurs siècles, devaient trouver un abri sûr et digne d'eux sous les lambris de Fontainebleau ; nous pensons que ce n'est pas encore assez, et que puisque nos pères ont travaillé pour nous, à notre tour nous **devons travailler pour l'avenir.**

C'est indiquer, par là, que l'État pourrait placer successivement dans ce musée national les produits artistiques les plus remarquables qu'il aurait achetés, comme encouragement, dans les diverses expositions qui auront lieu, pour les livrer à l'admiration de la postérité. Alors ce serait le cas d'utiliser toutes les belles salles de l'aile de Louis XV, dont la moitié seulement est restaurée d'une façon moderne et dont l'autre moitié attend les soins de l'architecte. Cette aile, serait parfaitement convenable pour la destination projetée, et cela pendant longtemps. On ferait alors marcher de front l'ormentation architecturale et l'ameublement.

Logements secondaires.

Nous avons donné plus haut un aperçu des logements secondaires, qui peuvent former encore un total de cinq cents pièces faciles à morceler à volonté, et parmi lesquelles se trouvent toutes celles des bâtiments de la cour de l'ancienne Conciergerie, où a été placée, sous la République, l'École Centrale du département. Cette école ou lycée, qui comptait cinq cents élèves, a fourni au pays des hommes distingués, notamment notre célèbre mathématicien Poisson.

Or, les logements dont nous parlons sont généralement bien meublés et en état d'être habités de suite. Quant aux combles, ils serviraient à établir des magasins, qui certes ne seraient pas inutiles.

Alors se présente naturellement cette question : qui logera-t-on dans ces parties habitables, restées sans destination ? à cela nous répondrons :

Le gouvernement ne peut-il pas accorder là un asile convenable aux artistes distingués, aux peintres, aux sculpteurs chargés de la restauration et des travaux d'art du palais ? ou bien encore aux savants ou aux fonctionnaires d'élite, auxquels l'État aurait confié des travaux scientifiques et administratifs, qui demandent à être élaborés dans le calme ? En effet, l'esprit se recueille et s'élève au milieu des vastes constructions du château : le spectacle de grandeur qui vous entoure, la tranquillité dont on y jouit, les magnifiques promenades qui rayonnent aux environs, enfin la solitude imposante de l'antique forêt de Bière ; toutes ces choses font de Fontainebleau une admirable oasis aux portes de Paris. Dans ce Prytanée national, les illustrations de la science et des arts, les fonctionnaires éminents ne feraient-ils pas un entourage digne de notre époque à l'Élu de la Nation, venant séjourner au milieu des merveilles des arts et de l'industrie ?

En rassemblant ainsi tous les détails qui précèdent et qui sont de nature à éclairer sur la destination à donner au Palais de Fontainebleau, détails puisés aux sources que nous avons indiquées et qu'il peut être bon de consulter, nous avons pensé faire un travail utile et consciencieux. Et nous n'avons été amené à ce travail, que mû surtout par le désir très vif d'aider à faire rendre à l'antique monument sa splendeur artistique, tout en lui conservant son haut caractère historique. Or, nous pensons avoir démontré que pour atteindre ce but, l'État n'aurait à supporter que des dépenses modestes, compensées et au-delà par l'emploi public des dépendances du palais; dépenses, d'ailleurs, qu'il ne serait pas juste de regretter, lorsque les finances perçoivent aujourd'hui tous les revenus considérables de la forêt, qui était la dotation du château.

Nous sommes arrivé ainsi à conclure, après une sérieuse étude des localités, que Fontainebleau devrait être le Musée des arts et des sciences mariés à l'industrie; le pendant de Versailles.

Puisse notre conviction être partagée, dans l'intérêt de la France, dans l'intérêt des artistes et des savants, comme dans celui de la ville de Fontainebleau.

Puissiez-vous aussi, ombres des créateurs de Fontainebleau; — et vous, grande ombre de Napoléon, dont le génie plane sur cette demeure silencieuse; — vous encore, ombres gracieuses des artistes qui avez rempli le Palais de vos chef-d'œuvres, — puissiez vous rendre le Pouvoir et l'Assemblée propices à mes faibles efforts! car ce qui m'inspire, c'est une pensée pure, c'est le culte pour les grandes et belles choses, c'est l'amour de la gloire de mon pays.

Fontainebleau, 1849.

Pecheux-Herbenville.

LÉGENDE DU PLAN.

1 La Fontaine belle eau
2 Le Manége
3 Le Carrousel
4 Rond-point de l'avenue de Maintenon
5 Le Bréau (abreuvoir)
6 Bassin du Romulus
7 Anciennes Cascades
8 Bassin du Tibre
9 Pavillon de l'Étang
10 Cour des Adieux
11 Cour de la Fontaine
12 Jardin de l'Orangerie, ou de Diane
13 Cour de l'ancienne Conciergerie
14 Cour du Donjon
15 Cour de Henry IV, ou des Cuisines
16 Pavillon de Sully
17 Fontaine
18 Le Miroir

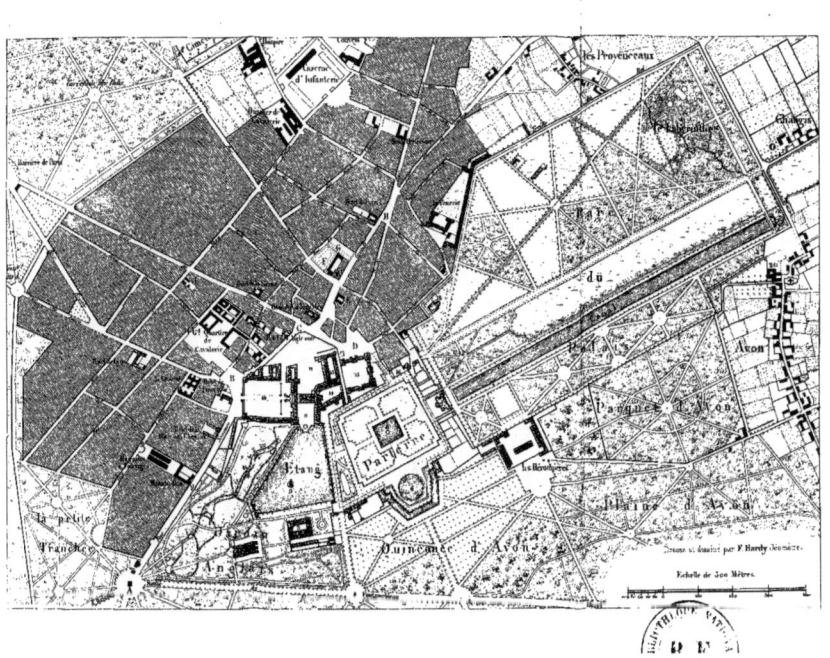